Valentina Mapelli vive a Milano, è laureata in Lingue e Letterature straniere e attualmente insegna lingua straniera in un liceo della città. È autrice di diversi libri e racconti d'italiano per stranieri.

© **Copyright edizioni Edilingua**
Sede legale
via Giuseppe Lazzati, 185 00166 Roma
Tel. +39 06 96727307
Fax +39 06 94443138
info@edilingua.it
www.edilingua.it

Deposito e Centro di distribuzione
via Moroianni, 65 12133 Atene
Tel. +30 210 5733900
Fax +30 210 5758903

II edizione: luglio 2023
ISBN: 978-88-98433-29-2
Redazione: A. Bidetti, G. Falcone
Impaginazione e progetto grafico: Edilingua
Illustrazioni: Massimo Valenti
Registrazioni: *Autori Multimediali*, Milano

Grazie all'adozione di questo libro, Edilingua adotta a distanza dei bambini che vivono in Asia, in Africa e in Sud America. Perché insieme possiamo fare molto! Ulteriori informazioni sul nostro sito.

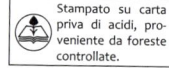

Ringraziamo sin da ora i lettori e i colleghi che volessero farci pervenire eventuali suggerimenti, segnalazioni e commenti (da inviare a redazione@edilingua.it).

Tutti i diritti riservati.
È assolutamente vietata la riproduzione totale o parziale di quest'opera, anche attraverso le fotocopie; è vietata la sua memorizzazione, anche digitale su supporti di qualsiasi tipo, la sua trasmissione sotto qualsiasi forma e con qualsiasi mezzo, così come la sua pubblicazione on line senza l'autorizzazione della casa editrice Edilingua.

Legenda dei simboli

 Fai gli esercizi 1-6 nella sezione *Attività*

 Inquadra il QR code con il tuo smartphone/tablet per ascoltare/scaricare la traccia n. 7

Indice

1	Corso d'inglese	5
2	Il furto della pochette	10
3	Alla ricerca del colpevole	16
4	Il ritrovamento della pochette	20
5	A casa di Francesca	24
6	La vera Francesca	29
	Attività	33
	Chiavi delle attività	44

Indice delle tracce audio

1 Capitolo 1	**5** Capitolo 5	**9** Attività 18
2 Capitolo 2	**6** Capitolo 6	**10** Attività 23
3 Capitolo 3	**7** Attività 6	**11** Attività 27
4 Capitolo 4	**8** Attività 11	

Premessa

La collana *Primiracconti per ragazzi* nasce dalle sempre più frequenti richieste da parte degli studenti di leggere "libri italiani". Tutti sappiamo però quanto ciò sia difficoltoso, soprattutto per studenti di livelli non avanzati; si è pensato quindi di realizzare racconti semplificati che potessero da una parte soddisfare il piacere della lettura, con un testo narrativo non troppo esteso né difficile da comprendere e dall'altra offrire un mezzo per raggiungere una maggiore conoscenza della lingua e della cultura italiana. Ogni racconto, infatti, è corredato da attività mirate allo sviluppo di varie competenze, in particolare quelle legate alla comprensione del testo e al consolidamento del lessico usato nel racconto, un lessico che comprende anche espressioni colloquiali o gergali molto diffuse in Italia, presentate sempre in contesto.

Disegni e fotografie originali (presenti anche nella sezione delle attività), oltre ad avere una funzione estetica, aiutano lo studente a raggiungere una maggiore e più completa comprensione del testo. Allo stesso scopo sono state inserite le note a piè di pagina, ben calibrate nel testo per non appesantirne la lettura.

Ciascun capitolo del racconto è introdotto da una o due brevi domande che hanno lo scopo non soltanto di collegare il nuovo capitolo a quello precedente, ma soprattutto di mantenere alta e viva la motivazione dello studente-lettore, il quale viene introdotto nell'intreccio degli avvenimenti che il nuovo capitolo andrà a svelare.

Furto a scuola può essere usato sia in classe sia individualmente, così come le attività relative ad ogni capitolo possono essere svolte sia in gruppo sia dal singolo studente; da una parte, infatti, si fa riferimento alla lettura collettiva, sempre utile in classe in relazione a un testo narrativo; dall'altra si offre l'occasione unica di una lettura individuale, importante tanto per un eventuale e successivo lavoro in classe, quanto, e soprattutto, per lo studente nel suo percorso di studio dell'italiano.

Furto a scuola, che tiene conto della progressione grammaticale e lessicale del primo volume di *Nuovo Progetto italiano Junior*, è indicato per tutti gli studenti adolescenti di livello A1-A1⁺.

Tutti i volumi della collana *Primiracconti per ragazzi* sono completati dalla lettura a più voci del testo, eseguita da attori professionisti, e da interessanti attività di ascolto. Ciò fornisce allo studente l'opportunità di ascoltare la pronuncia e l'intonazione corretta del testo, cosa quanto mai importante ai primi livelli e sicuramente sempre gradita. All'interno del libro trovate i QR code per accedere direttamente alle tracce audio.

Buona lettura!

capitolo
1

Tu studi l'inglese a scuola? Quante ore alla settimana? Ti piace?

Corso d'inglese

Paolo e Giulia sono nel laboratorio linguistico. È giovedì pomeriggio, il giorno del corso d'inglese. Paolo e Giulia sono nella stessa classe. Vogliono fare l'esame KET. *seguire – to follow*
Giulia è brava a scuola e <u>segue</u> il corso, perché è brava anche in inglese; Paolo ci va per fare un piacere ai suoi genitori. *il piacere – favour*

Al corso ci sono altri cinque ragazzi: tutti fanno la terza media. *third year (of primary/secondary school)*
Sono Dino della terza C, la stessa classe di Paolo e Giulia, Marco della terza B, Francesca e Susanna della terza D e Riccardo della terza A. Francesca e Susanna sono sempre sedute al primo banco. Anche oggi.

L'insegnante non è ancora arrivata, Paolo è seduto sul suo banco e saluta le ragazze. Saluta tutt'e due, ma il suo saluto è soprattutto per Francesca.

– Ciao Francesca. Come stai? – chiede a bassa voce.

Francesca non risponde. Forse non ha sentito, forse non ha voglia di rispondere. Giulia è la compagna di banco di Paolo.

– Quanto è antipatica! – esclama.

– Non è vero! – dice Paolo. – Non è antipatica. È ... timida.

– Ma per favore! – risponde Giulia.
– Quella non è timida. È una snob.
Paolo non dice niente.

– So che tu sei cotto di lei – continua Giulia.

Paolo parla a bassa voce:
– Ma che cotto! È solo che trovo Francesca molto carina, tutto qui!

---

timida: poco sicura di sé, poco aperta, che parla poco.
essere cotto/a di una persona: essere innamorato/a, pensare sempre a lui/lei.

Dino, loro compagno di classe e grande amico di Paolo, mangia una merendina. Prima di venire in classe prende sempre dalla macchinetta un paio di merendine. Dino mangia sempre, infatti è un po' cicciotto.

Ha sentito Paolo dire: – Trovo Francesca molto carina – e aggiunge:
– Sì, Francesca è molto carina. Però è antipatica e snob.

– È vero! – dice Giulia. – Crede di essere Miss Italia.

– Mette solo vestiti griffati – aggiunge Dino – A lei interessano solo i belli e i ricchi. Tutti gli altri sono...

– Niente per lei – completa la frase Giulia.
– Anzi, meno di niente.

E poi Giulia chiede a Paolo: – Ma possiamo sapere perché ti piace tanto Francesca?

Paolo non risponde. Giulia e Dino non possono capire. Lui ha una cotta per Francesca. Per lui Francesca è bella e interessante.

1-6

merenda: cibo (dolci, patatine, frutta) che mangiamo tra la colazione e il pranzo.
cicciotto: grasso, pieno, il contrario di magro.
griffato: oggetto di moda di un grande stilista (ad esempio, una borsa Prada).

EDILINGUA

capitolo 1

Furto a scuola

Gli oggetti griffati sono oggetti di moda, fatti da stilisti, come Armani, Dior, Dolce & Gabbana e altri... A te piacciono? Hai oggetti griffati? Se sì, quali?

Il furto della pochette

Stendere - to stretch out

Francesca non ha sentito niente di quello che hanno detto Giulia e Dino. Stende le sue gambe lunghe sotto il banco e prende dallo zaino (naturalmente griffato) il libro e il quaderno d'inglese.

La professoressa Meraviglia entra in classe. Comincia la lezione: esercizi, lettura, un ascolto. Sono tutti molto attenti, perché tutti sono lì per imparare.

Tutti, meno Paolo. Lui continua a pensare a Francesca. Ai suoi capelli biondi, ai suoi grandi occhi blu, alla sua bocca...

– Paolo, please, read the passage! – dice la professoressa Meraviglia.

Ma Paolo non ha sentito.

– Paolo, please! – ripete la prof – Stop looking at Francesca and read! Smetti di guardare Francesca e leggi!

I ragazzi ridono, Paolo diventa tutto rosso.
– Scusi, prof – dice e comincia a leggere.

Furto a scuola

capitolo
2

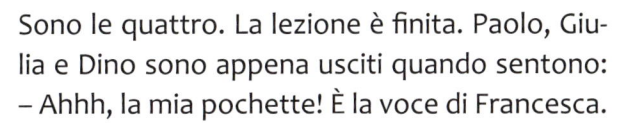

Sono le quattro. La lezione è finita. Paolo, Giulia e Dino sono appena usciti quando sentono: – Ahhh, la mia pochette! È la voce di Francesca.

Paolo rientra subito in classe. – Cosa succede? – chiede.

– La mia pochette – ripete Francesca. – Non trovo più la mia pochette.

– Pochette, cos'è una pochette? – domanda Dino. Anche lui è rientrato in classe insieme a Giulia.

– È una piccola borsa, stupido – risponde Francesca. – Non c'è più!

– Forse l'hai lasciata in classe, al piano di sopra, prima di venire qui nel laboratorio di lingue – dice Giulia.

– No, sono sicura di no. Quando sono venuta a lezione di inglese era nello zaino – risponde Francesca a voce alta.

Furto a scuola 13

– Oh! – fa Giulia. – Guarda che siamo qui per aiutare.

– Quando hai visto la pochette l'ultima volta? – chiede Paolo.

– L'ultima volta… devo pensare… Sì, … in classe… prima di uscire. Mi sono guardata allo specchio.

– Ti guardi allo specchio prima di uscire dalla classe? – chiede Giulia ridendo.

– Sì, perché? Cosa c'è?

– La pochette… è… preziosa? – domanda Paolo.

– Certo che è preziosa. È una pochette di D&G. Io ho solo cose griffate.

– E certo… – dice Giulia. – Lei ha solo cose griffate.

– Sì, e allora? – reagisce Francesca. – A me piacciono le cose belle. Non compro nient'altro…

– A lei piacciono le cose belle! – ripete Paolo a Giulia. – Perché no?

Giulia non risponde.
Giulia ha 13 anni, ma ha già le idee chiare su tante cose. Questa volta però non vuole dire niente. Paolo è suo amico e lei sa che a lui Francesca piace tanto. Perciò non vuole litigare con Francesca.

---

guardarsi allo specchio: vedere la propria immagine riflessa.
litigare: discutere, contrastare a parole.

capitolo 2

– Hanno rubato… – dice Francesca – qualcuno ha rubato la mia pochette.

Prende lo zaino. Dai suoi grandi occhi, dai suoi begli occhi blu scende una lacrima. Paolo vuole abbracciare Francesca, ma resta immobile, non fa nulla, dice soltanto:

– Francesca, ti aiuto io a scoprire chi ha preso la tua pochette.

– Davvero? – chiede contenta Francesca.

– Sì, è una promessa! – Francesca sorride e abbraccia Paolo.

– Grazie – dice. – Adesso però devo andare. Mi aspettano a casa.

– Ti chiamo quando so qualcosa – fa Paolo.

Francesca sorride ancora e, prima di uscire, tutta dolce dice:
– Ciao, Paolo.

Anche Paolo sorride. Sembra essere nel mondo dei sogni.

7-11

---

rubare: prendere e portare via le cose degli altri.
lacrima: le lacrime vengono agli occhi quando piangiamo.
è una promessa (promettere): quando diciamo che faremo sicuramente una cosa.
essere nel mondo dei sogni: i sogni sono le immagini che abbiamo di notte quando dormiamo. L'espressione ha il significato di viaggiare con la fantasia, sognare a occhi aperti.

Furto a scuola

Chi ha rubato la pochette di Francesca, secondo te?

ricercare - to investigate

Alla ricerca del colpevole*

In classe sono rimasti Paolo, Giulia e Dino.

– E adesso? – chiede Giulia. – Vuoi davvero cercare chi ha rubato la pochette a quell'antipatica?

– Ma perché antipatica? – chiede Paolo.

– Perché è antipatica. Adesso rispondi tu alla mia domanda.

– Sì, voglio cercare il ladro. Mi date una mano?

– Certo – risponde Dino. – Ho sempre voluto fare il detective.

– Partiamo dai fatti – dice Giulia. – Francesca ha la pochette in classe. Prima di uscire usa la pochette e la rimette nello zaino. Poi viene a lezione d'inglese. Dopo un'ora apre lo zaino e la pochette non c'è più. Quindi…

– Quindi… – continua Paolo: – qualcuno ha rubato la pochette di Francesca a lezione d'inglese.

– Quindi… – riprende Giulia: – il ladro deve essere uno degli studenti della lezione d'inglese.

– Non è possibile! – esclama Paolo.

– È così, deve essere così – insiste Giulia. Prende una penna e scrive su

---

*colpevole: responsabile di qualcosa, in genere, di brutto e di cattivo.
fatti: informazioni.

un foglio di carta: *Marco, Susanna e Riccardo.* – Adesso dobbiamo capire solo chi può essere. Susanna?

– È la migliore amica di Francesca – fa Paolo. – Non credo proprio.

– Riccardo?

– Riccardo non può essere. È arrivato tardi a lezione – dice Dino.

– Rimane soltanto Marco.

– Sì, forse è stato Marco – dice Paolo.

– Io non lo so. Non conosco Marco – continua Dino.

– Non so neanche come si chiama di cognome.

– Possiamo fare delle ricerche – propone Giulia.

– Sì, domani andiamo in classe e chiediamo... – aggiunge Paolo.

– Ehi ragazzi, lasciate perdere! – dice Dino.

– Perché? – chiede Giulia. – So che Francesca è antipatica, però Paolo ha promesso che... – Resta un po' senza parlare. Guarda Dino. – Perché sei tutto rosso adesso? – domanda.
Dino non risponde.

Paolo insiste: – Dino, parla!
Dino guarda i suoi due amici. È sempre più rosso. Infine dice:
– Io... io... sono stato io.

– Tu? – esclama Paolo.

– Tu? – ripete Giulia. – E perché?

– Perché... perché... non so neanch'io perché. No, cioè... sì, lo so. Perché Francesca è una persona orribile. Con le sue cose di lusso, i suoi vestiti griffati... Non mi è mai piaciuta. Adesso poi...

– Cosa vuoi dire? – domanda Paolo.

– Voglio dire... Mio padre ha perso il lavoro, mia madre lavora, ma guadagna quattro euro all'ora e Francesca... lei spende un sacco di soldi per quelle cose inutili...

Per questo ho preso la pochette. Per fare un dispetto a Francesca.

– Non preso, rubato.

---
fare un dispetto: fare qualcosa per infastidire, dare noia o dispiacere a qualcuno.

– Hai fatto male – dice Giulia.

– Sì, è vero. Avete ragione. Ma è stata un'azione… come dire… non lo so neanch'io.

Dino sembra davvero confuso e dispiaciuto.
– Cosa posso fare adesso? – chiede infine.

12 - 15

Secondo te, adesso, che cosa può fare Dino?
Che cosa possono fare i ragazzi?
Tu puoi dare qualche consiglio?

Il ritrovamento della pochette

Giulia è davvero una ragazza intelligente e trova subito una soluzione.
– Hai fatto un grande errore, una stupidaggine – dice a Dino. – Ma c'è una soluzione: riportiamo subito a Francesca la famosa pochette. – A proposito… dov'è? – domanda.

Dino prende il suo zaino. Tira fuori… libri, penne, matite… e infine… la pochette. È una piccola borsa molto bella. Giulia la prende in mano.
– Beh, non è brutta – dice.

– Hai detto che andiamo da Francesca, ma non sappiamo dove abita – si chiede Dino.

– È vero – risponde Giulia. – Però non è difficile trovare l'indirizzo di una persona. Abbiamo il numero di telefono di tutti quelli del corso d'inglese, vero?

– Sì, è vero.

– Andiamo su un certo sito sul web, scriviamo il numero e appare l'indirizzo di quella persona – dice Giulia. – Possiamo usare il computer del laboratorio qui a scuola. Deve essere aperto.

I tre ragazzi vanno nel laboratorio d'informatica della scuola. C'è un insegnante che sta lavorando su uno dei computer.

– Possiamo usare un computer? – chiede Giulia.

– Sì – risponde l'insegnante. – Ma tra cinque minuti vado via e chiudo tutto.

Dieci minuti dopo Giulia, Paolo e Dino sono fuori dalla scuola.

– Ok, adesso andiamo – dice Giulia.

– Vengo anch'io? – chiede Dino.

– Sì, vieni anche tu – risponde Giulia. – A Francesca non diciamo che sei stato tu a prendere la sua pochette. Diciamo che l'abbiamo trovata in bagno.

– In bagno? – domanda Paolo.

– Sì, diciamo che forse qualcuno ha voluto fare uno scherzo e ha lasciato la sua pochette in bagno – risponde Giulia.

– Secondo me, non può credere a questa bugia – dice Dino.

16 - 18

---

fare uno scherzo: fare qualcosa per divertire o sorprendere.

capitolo 4

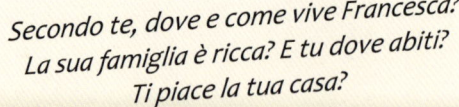 

Secondo te, dove e come vive Francesca? La sua famiglia è ricca? E tu dove abiti? Ti piace la tua casa?

A casa di Francesca

La casa di Francesca è in Via degli Orefici 27 nel centro della città. I ragazzi prendono l'autobus per arrivarci.

– Probabilmente abita in una di quelle case eleganti… – dice Dino.

– Così vedo la sua casa – aggiunge Paolo tutto contento.

– Che barba sei! – esclama Giulia.

I ragazzi sono davanti alla casa di Francesca, in Via degli Orefici 27. Ma non vedono il suo cognome scritto sul citofono.

– Che strano! – esclama Paolo.

– Come può essere? – chiede Dino.

– Forse l'indirizzo su internet è sbagliato – risponde Giulia.

In quel momento esce un uomo. Prende dei giornali che sono per terra.

– Quello deve essere il portinaio – dice Paolo. – Perché non chiediamo a lui?

– Buona idea – dice Giulia. E poi al portiere: – Mi scusi, signore.

---

che barba sei!: quanto sei noioso, fastidioso, pesante, monotono.
citofono: apparecchio che collega la portineria, il portone d'ingresso, con i vari appartamenti di un palazzo.
portinaio: chi lavora nei palazzi, ad esempio sta attento a chi entra e a chi esce.

 EDILINGUA

capitolo 5

Furto a scuola 25

Cerchiamo una ragazza. Si chiama Francesca D'Elleri. Abita qui?
L'uomo sorride.
– Certo. È mia figlia.

– Siete suoi compagni di classe? – domanda l'uomo.

– Sì – rispondono loro.

Noi abitiamo qui – dice lui – al pianterreno. Vengo con voi. Sono sicuro che è contenta di vedere i suoi compagni. Non viene mai nessuno per lei… Sta sempre chiusa nella sua camera a lavorare.

Giulia guarda Paolo e Dino: sono tutti sorpresi. Hanno sentito bene? Ha detto: «lavorare»?

Il padre di Francesca fa entrare i tre ragazzi in camera di sua figlia.
Lei lavora con una macchina per cucire a della stoffa rossa.

Quando vede i ragazzi esclama:
– Cosa fate qui?

– Ti abbiamo portato la pochette – risponde Paolo.

– L'abbiamo trovata …
in bagno – aggiunge Giulia.

– In bagno? – domanda Francesca.

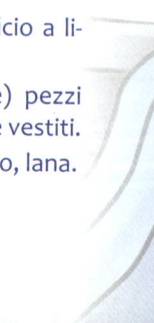

---

pianterreno: il piano di un edificio a livello della strada.
cucire: unire (mettere insieme) pezzi di tessuto, per esempio per fare vestiti.
stoffa: tessuto come cotone, lino, lana.

 EDILINGUA

capitolo 5

Furto a scuola

– Sì, in bagno. In un angolo. Qualcuno forse ha voluto farti uno scherzo – risponde Paolo.

Francesca prende la pochette dalle mani di Giulia e dice:
– Grazie. – E poi a Paolo: – Grazie, Paolo.
Francesca non sa cosa dire o cosa fare. È molto imbarazzata.

– Bene – dice Giulia. – Allora noi andiamo.

I ragazzi fanno qualche passo verso la porta.

Francesca dice: – Avete capito, vero?

– Cosa? chiede Paolo.

– Che faccio da sola i miei vestiti. Che io non sono… che io… che… – Non sa come continuare.

Per un momento Giulia dimentica la ragazza antipatica e vede solo Francesca per quello che è: una ragazza come tante che vuole sembrare ricca.

E Paolo? Paolo vede sempre la ragazza che a lui piace tanto.

– Posso restare un secondo? – domanda. – Vorrei parlare con te.

– Sì – risponde Francesca. – Va bene, resta.

E Dino: – Anch'io vorrei… – ma Giulia prende la sua mano e dice: – Noi andiamo invece.

Dino capisce e ripete: – Sì, noi andiamo.

---

essere imbarazzato/a: non sapere cosa fare o cosa dire.

capitolo 6

*Che cosa pensi di Francesca?
Adesso, è più simpatica?*

La vera Francesca

La sera Paolo parla con Giulia al telefono.
– Allora? – domanda lei. – Di cosa avete parlato, cosa ha detto Francesca?

– Che il papà fa il portiere, che non è ricca come tutti credono, che fa da sola i suoi vestiti, perché a lei piace tagliare e cucire e … le piacciono le cose belle.

– Ancora con questa storia delle cose belle! – dice Giulia.

– Sì, però, è vero.

– È vero solo quello. Per il resto la tua Francesca è tutta finta…

– No, non è così. Francesca è Francesca: bellissima e ben vestita.
A me non interessa se i vestiti li fa e non li compra…

---

finta: non vera, non autentica.

Furto a scuola

– Sì, in questo non c'è niente di male, anzi significa che ha fantasia e capacità. Ma rimane sempre arrogante e snob.

– Abbiamo parlato anche di quello. Ha detto: «So che sembro antipatica e snob, ma non è così. È che non so stare con gli altri. Non ho mai avuto amici, se non Susanna.

– Oh poverina! – dice Giulia ironica.

– Giulia, sei cattiva – risponde Paolo.

– No, non sono cattiva.

– E allora, perché non diventi sua amica?

– Cosa?

– Veramente, ho già detto a Francesca che può diventare nostra amica. Tu cosa pensi? – chiede Paolo.

– Nostra amica?

– Dai!

– OK. Ma lo faccio soltanto per te!

– Ah, e un'altra cosa… Non devi dire a nessuno che Francesca si fa i vestiti da sola – aggiunge Paolo.

– A nessuno, d'accordo!

– Ciao. A domani.

---

arrogante: chi pensa di avere sempre ragione e crede di essere migliore degli altri, snob.

Un mese dopo a lezione d'inglese. I soliti sette in classe. Ma questa volta, dopo la lezione, Francesca non va a casa da sola. I suoi nuovi amici sono con lei. Ha un nuovo vestito, è azzurro come i suoi occhi.

– Questo vestito è bellissimo – dice Paolo. – E poi a te sta tanto bene…

Francesca dà a Paolo un bacio.

– Sei sempre dolce, Paolo. – E ride. Da quando Francesca ha i suoi nuovi amici ride spesso.

– Posso chiederti una cosa? – domanda Giulia.

– Sì, certo! – risponde Francesca.

– Perché non fai un vestito anche per me?

Francesca sorride: – Perché no?

– Adesso sì che siamo veramente amiche – dice Giulia.

Tutti la guardano e lei aggiunge: – Sto scherzando naturalmente.

Indice delle attività

1	Attività 1-6	34
2	Attività 7-11	36
3	Attività 12-15	38
4	Attività 16-18	39
5	Attività 19-23	40
6	Attività 24-27	42
	Chiavi delle attività	44

capitolo 1 — Corso d'inglese

1 Rispondi alle seguenti domande.

1. Dove sono Paolo e Giulia? *Sono in classe, nel laboratorio linguistico a scuola*
2. Che corso seguono? *il corso d'inglese*
3. Quale esame vogliono fare? *Vogliono fare l'esame KET*

2 Indica l'alternativa corretta.

1. Paolo vuole fare l'esame
   a. perché è bravo in inglese.
   b. per fare un piacere ai suoi genitori.

2. Chi è nella stessa classe di Francesca?
   a. Paolo.
   b. Susanna.

3. Dov'è seduta oggi Francesca?
   a. Al primo banco.
   b. Al secondo banco.

4. A Paolo piace
   a. Susanna.
   b. Francesca.

5. Per Giulia, Francesca è
   a. simpatica.
   b. antipatica.

6. Paolo considera Francesca
   a. bella e timida.
   b. arrogante e snob.

Attività

3 Indica se queste affermazioni sono vere o false.

	V	F
1. Dino è un compagno di classe di Paolo e Giulia.	✓	
2. Dino mangia sempre una merendina, prima di entrare in classe.	✓	
3. Anche Dino trova Francesca carina ma timida.		✓
4. Francesca mette solo vestiti griffati.	✓	

4 Indica l'alternativa corretta.

Avere una cotta per qualcuno vuol dire:

a. essere innamorato/a di qualcuno

b. essere amico/a di qualcuno

5 Abbina ogni aggettivo al suo contrario.

1. bello — b
2. ricco — e
3. interessante — a
4. cicciotto — f
5. timido — d
6. antipatico — c

a. noioso
b. brutto
c. simpatico
d. disinvolto
e. povero
f. magro

Furto a scuola

6 Ascolta il brano e completa gli spazi con le parole giuste.

Saluta tutt'e due, ma il suo saluto è soprattutto per Francesca.
– Ciao Francesca. Come (1)......*stai*............? – chiede a bassa voce.
Francesca non risponde. Forse non ha sentito, forse non ha (2)......*voglia*......... di rispondere.
Giulia è la compagna di (3)......*banco*......... di Paolo.
– Quanto è antipatica! – esclama.
– Non è vero! – dice Paolo. – Non è antipatica. È (4)......*timida*......
– Ma per (5)......*favore*........! – risponde Giulia. – Quella non è timida. È una snob.

capitolo 2 — Il furto della pochette

7 Metti gli eventi che succedono in questo capitolo nel giusto ordine cronologico.

a. [2] La professoressa fa lezione, intanto Paolo continua a pensare a Francesca.
b. [4] I ragazzi ridono, Paolo diventa tutto rosso.
c. [3] La professoressa chiede a Paolo di leggere.
d. [1] La professoressa Meraviglia entra in classe e comincia la lezione.
e. [5] Paolo si scusa e legge.

8 Rispondi alle seguenti domande.

1. A che ora finisce la lezione? *Alle quattro*
2. Dove sono Paolo, Giulia e Dino quando sentono gridare Francesca? *Fuori la classe*
3. Che cosa hanno rubato a Francesca? *La sua pochette*

Attività

9 Indica se queste affermazioni sono vere o false.

		V	F
1.	Francesca è sicura che ha lasciato la pochette in classe.	☐	✓
2.	Giulia dice a Francesca che vogliono aiutare.	✓	☐
3.	Francesca ha visto la pochette per l'ultima volta prima di uscire dalla classe.	✓	☐
4.	La pochette di Francesca è poco costosa.	☐	✓
5.	Francesca dice che a lei piacciono le cose belle.	✓	☐
6.	Anche a Giulia piacciono le cose belle e costose.	☐	✓
7.	Giulia comincia a litigare con Francesca.	☐	✓
8.	Paolo abbraccia Francesca.	☐	✓

10 Inserisci i verbi *essere* e *avere*.

1. Francesca non ....*ha*.... più la sua pochette.
2. La professoressa parla. I ragazzi ....*sono*.... tutti concentrati.
3. Stefano chiede cos'....*è*.... una pochette. Non lo sa.
4. "....*Sono*.... sicura che non ho lasciato la pochette in classe" dice Francesca.
5. Giulia ....*è*.... giovane ma ....*ha*.... già le idee chiare su tante cose.
6. Noi ....*abbiamo*.... solo cose griffate. Ci piacciono molto. Tu ....*hai*....vestiti griffati?

11 Ascolta il brano e indica le parole e le espressioni NON presenti.

gambe • banco • braccio • zaino • borsa • entra
parla • imparare • studiare • verdi • occhi • bocca

Furto a scuola 37

capitolo 3 — Alla ricerca del colpevole

12 Paolo, Giulia e Dino rimangono in classe. Cosa vogliono fare?

Vogliono catturare il colpevole che ha rubato la pochette

13 Giulia vuole partire dai "fatti". Questi sono i fatti. Completa con le parole mancanti.

Francesca ha la pochette in (1) *classe*.
Prima di uscire usa la pochette e la rimette nello (2) *zaino*. Poi viene a (3) *lezione* d'inglese. Dopo un'ora apre lo zaino e la (4) *pochette* non c'è più. Quindi il (5) *ladro* deve essere uno degli studenti della lezione d'inglese.

14 Rispondi alle seguenti domande.

1. Perché Susanna non può essere colpevole? *Perché è la migliore amica di Francesca*
2. Perché Riccardo non può essere colpevole? *È arrivato tardi a lezione*
3. Chi può essere il colpevole? *Marco*
4. Alla fine, che cosa dice Dino?
Dice, lui è stato il colpevole

15 Trova l'intruso.

1. a. ladro   b. *gioco*   c. detective   d. rubare
2. a. pochette   b. *telefono*   c. zaino   d. borsa
3. a. orribile   b. brutto   c. *carino*   d. antipatico
4. a. costare   b. spendere   c. guadagnare   d. *andare*
5. a. confuso   b. triste   c. *felice*   d. dispiaciuto

Attività

capitolo 4 — Il ritrovamento della pochette

16 **Indica l'alternativa corretta.**

1. Chi propone di riportare la pochette a Francesca?
   a. *Giulia.* ✓
   b. Paolo.
   c. Stefano.

2. Come trovano i ragazzi l'indirizzo di Francesca?
   a. Chiedono a un insegnante.
   b. Paolo ha l'indirizzo.
   c. *Lo cercano con il computer.* ✓

3. Secondo Giulia la pochette di Francesca è
   a. brutta.
   b. *bella.* ✓
   c. orribile.

4. Giulia, Paolo e Dino vanno a casa di Francesca. Le vogliono dire che hanno trovato la pochette
   a. in classe.
   b. *in bagno.* ✓
   c. nello zaino di Dino.

17 **Completa gli spazi con la parola giusta.**

> penna   bugia   soluzione   libro   indirizzo

1. Per ogni problema, di solito, c'è una ...*soluzione*...
2. Gli studenti lo leggono per studiare: ...*libro*...
3. Con questo oggetto scriviamo: ...*penna*...
4. Città, via, numero civico, dove abita una persona: ...*indirizzo*...
5. Quando non si dice la verità. È una ...*bugia*...

Furto a scuola 39

18 Ascolta e correggi gli errori.

– Vadiamo su un certo sito sul web, scrivamo il numero e appare l'indirizzo di quella persona – dice Giulia. – Possiamo usare il computer del laboratorio qui a scuola. Deve essere operto.

I tre ragazzi vanno nel laboratorio di informatica della scuola. C'è un insegnante che sta lavorando su una dei computer.

– Possiamo usare un computer? – chede Giulia.

– Sì – risponde l'insegnante. – Ma in cinque minuti vado via e chiudo tutto.

1. ....
2. ....
3. ....
4. ....
5. ....
6. ....

capitolo 5 — A casa di Francesca

19 Rispondi alle seguenti domande.

1. Dove si trova la casa di Francesca? È in via degli orefici nel centro della città
2. Come vanno i ragazzi a casa sua? Li prendono l'autobus
3. Che cosa non vedono i ragazzi sul citofono? Il cognome scritto di Francesca
4. Chi esce in quel momento? Il padre di Francesca - Sa il portinaio

Attività

20 Indica se queste affermazioni sono vere o false.

	V	F
1. Il portinaio è il padre di Francesca.	✓	
2. La famiglia di Francesca abita al pianterreno.	✓	
3. Francesca è nella sua camera e studia.		✓
4. Francesca è imbarazzata quando vede i tre.	✓	
5. Dino resta con lei.		✓
6. I tre capiscono che Francesca fa da sola i suoi vestiti.	✓	

21 Completa questo pensiero di Giulia.

> Francesca non è una ragazza *antipatica*. È solo una ragazza *come tante* che vuole sembrare ricca.

22 Inserisci nelle seguenti frasi i verbi: *abitare, prendere* (2), *vedere, uscire, venire.*

1. I ragazzi ...*prendono*... l'autobus per andare a casa di Francesca.
2. Francesca ...*abita*... in un bella casa.
3. Perché (io) non ...*vedo*... il cognome di Francesca scritto sul citofono?
4. Un uomo ...*esce*... dalla casa e ...*prende*... i giornali da terra.
5. (tu) ...*vieni*... domani con noi alla festa?

Furto a scuola

23 Ascolta il brano e inserisci i verbi che mancano.

Il padre di Francesca (1)......*fa*........ entrare i tre ragazzi in camera di sua figlia.

Lei (2)....*lavora*........ con una macchina per cucire a della stoffa rossa.

Quando (3).....*vede*............ i ragazzi esclama:

– Cosa (4).......*fate*.......... qui?

– Ti abbiamo portato la pochette – (5)......*dice*......... Paolo.

– L'abbiamo trovata ... in bagno – aggiunge Giulia.

– In bagno? – domanda Francesca.

– Sì, in bagno. In un angolo. Qualcuno forse ha voluto (6).......*farti*..... uno scherzo – risponde Paolo.

capitolo 6 La vera Francesca

24 Secondo Paolo, com'è Francesca? Completa.

Dice che Francesca non è (1).....*ricca*......... come tutti credono, che a lei (2).....*piace*........ tagliare e cucire. Dice anche che le piacciono le cose (3)...*belle*...... e che a lui non interessa se non compra i suoi (4).....*vestiti*........., perché la trova bellissima e ben vestita. Paolo chiede a Giulia di diventare (5)........*amica*....... di Francesca.

Attività

25 Rispondi adesso alle seguenti domande riguardo all'ultima parte della storia.
1. Perché Paolo dice che Giulia è cattiva? *Perché Giulia parla con sarcasmo di Giulia*
2. Che cosa non deve dire Giulia? *Francesca fa i vesti da sola*
3. Che cosa succede un mese dopo?
Francesca va con i suoi nuovi amici a casa

26 Giulia chiede a Francesca di fare qualcosa per lei. Che cosa?

a. (un vestito) c. una camicetta b. un compito

27 Ascolta il brano e indica qual è la frase corretta.
a. Ho già detto a Francesca che vuole diventare nostra amica.
b. Ho già detto a Francesca che può diventare nostra amica.
c. Ho già detto a Francesca che deve diventare nostra amica.

Furto a scuola

Chiavi delle attività

Capitolo 1

1. 1. Sono in classe, 2. Il corso d'inglese, 3. Vogliono fare l'esame KET.
2. 1. b, 2. b, 3. a, 4. b, 5. b, 6. a
3. 1. V, 2. V, 3. F, 4. V
4. a
5. 1. b, 2. e, 3. a, 4. f, 5. d, 6. c
6. 1. stai, 2. voglia, 3. banco, 4. timida, 5. favore

Capitolo 2

7. 1. d, 2. a, 3. c, 4. b, 5. e
8. 1. Alle quattro, 2. Fuori dalla classe, 3. La pochette
9. 1. F, 2. V, 3. V, 4. F, 5. V, 6. F, 7. F, 8. F
10. 1. ha, 2. sono, 3. è, 4. Sono, 5. è/ha, 6. abbiamo / hai
11. braccio, borsa, parla, studiare, verdi

Capitolo 3

12. Vogliono trovare il ladro della pochette di Francesca.
13. 1. classe, 2. zaino, 3. lezione, 4. pochette, 5. ladro
14. 1. Perché è la migliore amica di Francesca; 2. Perché Riccardo è arrivato tardi a lezione; 3. Marco; 4. Che è stato lui; 5. Perché trova Francesca una persona orribile con i suoi vestiti griffati e il suo amore per il lusso.
15. 1. b, 2. b, 3. c, 4. d, 5. c

Capitolo 4

16. 1. a, 2. c, 3. b, 4. b
17. 1. soluzione, 2. libro, 3. penna, 4. indirizzo, 5. bugia
18. — **Andiamo** (Vadiamo) su un certo sito sul web, **scriviamo** (scrivamo) il numero e appare l'indirizzo di quella persona — dice Giulia. — Possiamo usare il computer del laboratorio qui a scuola. Deve essere **aperto** (operto).
I tre ragazzi vanno nel laboratorio di informatica della scuola. C'è un insegnante che sta lavorando su **uno** (una) dei computer.
— Possiamo usare un computer? — **chiede** (chede) Giulia.
— Sì — risponde l'insegnante. — Ma **tra** (in) cinque minuti vado via e chiudo tutto.

Capitolo 5

19. 1. La casa di Francesca è nel centro della città; 2. I ragazzi vanno a scuola in autobus; 3. Non vedono il cognome di Francesca; 4. Esce il portinaio.
20. 1. V, 2. V, 3. F, 4. V, 5. F, 6. V
21. antipatica, come tante
22. 1. prendono; 2. abita; 3. vedo; 4. esce, prende; 5. Vieni
23. 1. fa, 2. lavora, 3. vede, 4. fate, 5. risponde, 6. farti

Capitolo 6

24. 1. ricca, 2. piace, 3. belle, 4. vestiti, 5. amica
25. 1. Perché dice che Francesca è antipatica e snob; 2. Non deve dire che Francesca si fa i vestiti da sola; 3. Francesca non va a casa da sola. I suoi nuovi amici sono con lei.
26. a
27. b